The book / Das Buch:

The poems are inspired by dreams and their images. Some are shorter passages of impressions and some are longer narratives.

Passion and loose compassion are recurring figures, to whom righteousness and justification faces. Soul, severess and emptyness are haunted by hands that tame and lash.

Die Gedichte sind von Träumen und deren Bildern inspiriert. Einige sind kürzere Passagen von Eindrücken und einige sind längere Erzählungen.

Leidenschaft und ungezwungenes Mitgefühl sind wiederkehrende Motive, denen Rechtschaffenheit und Rechtfertigung gegenüberstehen. Seele, Schwere und Leere werden von Händen heimgesucht, die zähmen und peitschen.

A life and a lifeless remembrance

Ein Leben und ein unbelebter Erinnerungswert

by / *von*

Sascha Schindler

Bibliografische Information der Deutschen Nationalbibliothek: Die Deutsche Nationalbibliothek
verzeichnet diese Publikation in der Deutschen Nationalbibliografie; detaillierte bibliografische
Daten sind im Internet über dnb.dnb.de abrufbar.

Umschlaggestaltung, Illustration: Selbstverlag, lizenzfrei
Lektorat, Korrektorat: Selbstverlag
Herstellung und Verlag: BoD – Books on Demand, Norderstedt

ISBN 9783758326028

The Author / Der Autor:

Sascha Schindler, born in 1982, is single and lives in Lower Saxony, Germany.
Although Schindler already began to work intensively with poems and short stories in his youth, he decided to study industrial engineering in Göttingen. He then worked for several years as a senior consultant in various branches of industry and set up his own business as a freelance management consultant and coach.

Sascha Schindler, Jahrgang 1982, lebt ledig in Niedersachsen.
Obwohl Schindler bereits in seiner Jugend begann, sich intensiver mit Gedichten und Kurzgeschichten auseinanderzusetzen, entschied er sich, Wirtschaftsingenieurwesen in Göttingen zu studieren. Einige Jahre lang arbeitete er daraufhin, als Senior Consultant, in verschiedenen Branchen der Industrie und machte sich als freier Unternehmensberater und Coach selbstständig.

2022 veröffentlichte Schindler „Gedichte – Lyrische Versuche und die Endlichkeit". Mit „Quartett Adrett" und „Auf der Brücke" folgten daraufhin zwei Novellen. Zuletzt veröffentlichte er mit „Fortkommenwollen" weitere Gedichte und lyrische Prosa.

A life and a lifeless remembrance

Ein Leben und ein unbelebter Erinnerungswert

Prose and Poems /
Prosa und Gedichte

in

English

&

Deutsch

CHAPTER ONE / KAPITEL EINS

#1

Bound by fame
all around a flame
backdoor diary and
an empty hearted deer
hunters seeking
fortunate sons of their dearest
tame thee
as you heard as the key…
has turned

#1

Gebunden durch Ruhm

und um eine Flamme herum

Hintertürtagebuch und

ein Hirsch mit leerem Herzen

Jäger suchen

glückliche Söhne ihrer Liebsten

zähme dich

wie du hörst, als der Schlüssel...

sich dreht

#2

Monkey on my back,
took my heart and lack
he´s out there working
five feet high and
a tail of despair
i remain in gates of dawn
saturday and all i know

#2

Affe auf meinem Rücken,
nahm mir Herz und Mangel
er ist da draußen und arbeitet
fünf Fuß hoch und
ein Schwanz der Verzweiflung
ich bleibe in den Toren der Dämmerung
Samstag und was ich noch weiß

#3

Soup and salad with
meatballs and cinnamon
christmas stars and
angels combined
in double layered windows
frozen by yesterday's glory
ride along the surface
usually i spy a spider
but for now i´m networked in
worn out black and white

\#3

Suppe und Salat mit

Fleischbällchen und Zimt

Weihnachtssterne und

Engel kombiniert

in doppelschichtigen Fenstern

eingefroren durch die Herrlichkeit von gestern

reitend entlang der Oberfläche

normalerweise erspähe ich eine Spinne

aber im Moment bin ich vernetzt in

abgenutzten Schwarz und Weiß

#4

Foreseen, to be a life

ended up to be just death

all around a glimmer of shards

in between a bow and darts

Amor has left some traces

insistent, unwritten in tainted faces

nowhere is right where a road begun

which led into agony and his stun

#4

Vorgesehen, um ein Leben zu sein
es endet damit, nur Tod zu träumen
rundherum ein Schimmer von Scherben
zwischen einem Bogen mit Pfeilen
Amor hat einige Spuren hinterlassen
hartnäckig, ungeschrieben in befleckten Gesichtern
nirgendwo ist genau dort, wo ein Weg begann
der in Agonie und seine Betäubung führte

#5

Generous with all
with all i know and all i knew
burdened, bought
until i was tall
before surfaces and faced to the wall

If i was born
to be dismantled by thee
then the idea was
initially against me

If i was unknown when i came
i came into knowledge
of your skin,
by trading a win

\#5

Großzügig mit allem
mit allem, was ich weiß und was ich kannte
belastet, gekauft
bis ich groß war
vor Oberflächen und mit dem Gesicht zur Wand

Wenn ich geboren wurde
um von dir demontiert zu werden
dann war die Idee
zunächst gegen mich

Wenn ich unbekannt war, als ich kam
kam ich in Kenntnis
von deiner Welt,
durch den Handel mit einem Gewinn

#6

Birth you gave, to twins
with contrary colour of skin
and taint.
the father is bound
to water of loving arms
as his heart is gone
on a wave
stained
with flickering flames
in seas of disguised whisper

#6

Zwillinge hast du geboren

mit unterschiedlicher Hautfarbe

und Flecken

der Vater ist gebunden

an das Wasser der liebenden Arme

während sein Herz fort ist

auf einer Welle

befleckt

mit flackernden Flammen

in Meeren verkleideten Flüsterns

#7

I was just answering a call
dreaming,
i had eaten up the receiver
but i just remembered me as believer and
even if one eye was frequently blinking
the third was a crack of lightning
and illuminating;
slowly sinking
-into conscious

Now it's a long day of snow-blind winter
and all i can do
is to walk some traces in
muddy, shiny snow and
say moo to all my faces

#7

Ich war gerade dabei,
einen Anruf entgegenzunehmen
träumte,
ich hätte den Hörer aufgegessen
aber dann erinnerte ich mich an mich als Gläubigen
und
auch wenn ein Auge häufig blinzelte
war das Dritte ein leuchtender Riss
und erleuchtend;
langsam sinkend
-in das Bewusstsein

Jetzt ist es ein langer Tag im schneeblinden Winter
und alles was ich tun kann
ist, ein paar Spuren zu gehen im
schlammigen, glänzenden Schnee und
„Muh" zu all meinen Gesichtern zu sagen

#8

Moon of rage, of desire, and silence;
and moon of fear,
how many words the night can bear?
it is said to be wise and known,
the stand in your still frame;
but is the picture you take
with lights of starless glow- also sane?
no wish is what you demand,
it´s more a demand to wish farewell.

#8

Mond der Wut, des Verlangens und der Stille;

und Mond der Angst,

wie viele Worte kann die Nacht ertragen?

man sagt, es sei weise und bekannt,

der Stand in deinem stillen Rahmen;

aber ist das Bild, das du machst

mit Lichtern von sternenlosem Schein - auch weise?

kein Wunsch ist das, was du verlangst,

es ist mehr ein Verlangen, Abschied zu nehmen.

#9

Too sedated to tell
how much i hate you´re silhouette
next to my bed
laying bare, too tired, back from hell
with the full moon´s tricks
wrapped around his fat, fatal nose
-as if himself was injured

#9

Zu betäubt, um zu sagen
wie sehr ich deine Silhouette hasse
neben meinem Bett
nackt liegend, zu müde, zurück aus der Hölle
mit den Tricks des Vollmondes
eingewickelt um seine fette, tödliche Nase
-als ob er selbst verletzt wäre

#10

Contemplation of myself
makes me cry and shout to
scars which are reflected by you
while wisdom is shadow
inherited by lights of
delightfulness; flames, which are
narcisticaly bound to thereselfs
If fire is fighting fire, below you,
and in pasts of the dark side of you
moon of scarlet monstrosity, then
you will last, long after
sun´s disappearance

#10

Der Gedanke an mich selbst

lässt mich weinen und schreien zu

Narben, die von dir reflektiert werden

während die Weisheit ein Schatten ist

geerbt von Lichtern der

Flammen, die

narzisstisch an sich selbst gebunden sind.

Wenn Feuer, das Feuer bekämpft, unter dir,

und in den Vergangenheiten der dunklen Seite von

dir

Mond der scharlachroten Monstrosität, dann

wirst du fortbestehen, lange nach

Verschwinden der Sonne.

#11

Those who love you

are hiding their guns

in your bone

inside your skin

just to pull them when life seems thin

nobody ever closes the door

´cause you know

knowledge is what for

you asked favour and appreciation

If those shall be the final tear

it will be my own

#11

Diejenigen, die dich lieben

verstecken ihre Waffen

in deinen Knochen

in deiner Haut

nur um sie zu ziehen, wenn das Leben dünn erscheint

niemand schließt jemals die Tür

denn du weißt

Wissen ist das, wofür

du um Gunst und Anerkennung gebeten hast

wenn das die letzte Träne sein soll

wird es meine eigene sein

#12

Is it what you see, the seen,

or what sees

that whispers in dark

desire and desolation

surrender of their own kin

crosspatched lines of fiery force

whom lead into nothing

though hollow flames

cut through bones

of glass and glory

#12

Ist es das, was man sieht, das Gesehene,

oder das, was sieht

das in der Dunkelheit flüstert

Sehnsucht und Verzweiflung

Kapitulation der eigenen Sippe

gekreuzte Linien der feurigen Kraft

die ins Nichts führen

obwohl hohle Flammen

die Knochen durchschneiden

aus Glas und Ruhm

#13

Whom you grate your loyalty
as an wide-open offering
-out of order
it´s easy on top of an
"otherwise"
that differs from time to a time
whilst your dreadful sign is beared
by burned out flames
laying in disguise, unknown yet
and soon to be forgotten
for a raising of the fiercy foundry
from fluent grooms

#13

Wem du deine Loyalität schenkst

als ein weit offenes Angebot

-aus dem Rahmen fallend

es ist leicht, oben auf einem

" andererseits"

das sich von Zeit zu Zeit unterscheidet

während dein furchtbares Zeichen getragen wird

von ausgebrannten Flammen

in Ungewissheit liegend, noch unbekannt

und bald vergessen

für eine Erhebung der feurigen Schöpfung

von fließenden Knechten

#14

Every profession needs

sanctification, homage

the grip in the gutter

with golden, glamourous gloves

ignorance in

toleration of human burden,

shame is grief

knowing in this, the gods are going crazy

and your salvation lies in

illness of the born, dictating and decadent

#14

Jede Profession bedarf

Heiligung, Huldigung

der Griff in die Gosse

mit goldenen, glamourösen Handschuhen

Ignoranz in

Duldung menschlicher Last,

Scham ist Gram

Wissentlich darin, die Götter spielen verrückt

Und deine Rettung liegt in

Krankheit der Geborenen, diktierend und dekadent

#15

She is talking to her

to be fulfilled, in meaningless

senseless abortion.

yesterday's luck is

morning glory of trial and repeat

produced by altering abdondonation

whom is taken by accident

from a fleshless bonestation.

if you can ´ t win

you ´ re going to win your inability

until bored again

thus table gets turned in fullfillablity

#15

Sie spricht mit ihr

um erfüllt zu werden, in sinnloser

sinnloser Abtreibung

das Glück von gestern ist

Morgenglanz vom Versuch und von Wiederholung

erzeugt durch wechselnde Abtreibung

die zufällig genommen wird

von einer fleischlosen Knochenstation

wenn du nicht gewinnen kannst

wirst du deine Unfähigkeit gewinnen

bis man sich wieder langweilt

so wird der Tisch in Fülle gedreht

#16

Shooting the galleria
they just want to see em dead
its like an eye of yesterdays glory
foreseen to go to bed
with a lady in snow white dress
cold like the devil
when he surrender his tears
there is a place for your fears
in outskirts of your town
burning corona of blind shut eyes
of their own ties

#16

Schießerei in der Galleria

sie wollen sie nur tot sehen

es ist wie ein Auge des gestrigen Ruhms

um ins Bett zu gehen

mit einer Dame in schneeweißem Kleid

kalt wie der Teufel

wenn er sich seinen Tränen hingibt

es gibt einen Ort für deine Ängste

in den Außenbezirken deiner Stadt

brennende Korona von blind geschlossenen Augen

von ihren eigenen Beziehungen

#17

Messed up my mind

road signs eaten up

by cars on rewind

the trunk is drunken and sunken

in tears

dropping bland

blurred images of a youthless july

and i am where an open grave

is haunted by flashlights

in middle of

december

as i remember

the way back is barred and borrowed

#17

Den Gedanken verwirrend

die Straßenschilder aufgefressen

von Autos im Rückwärtsgang

der Kofferraum ist betrunken und versunken

in Tränen

fade fallend

verschwommene Bilder eines jugendlosen Juli

und ich bin wo ein offenes Grab

von Blitzlichtern heimgesucht wird

mitten im

Dezember

wie ich mich erinnere

der Weg zurück ist versperrt und verliehen

#18

Network.

Connection.

Failed.

.........is there anybody out here?

.........is there anybody in despair?

I am coming to patch the loss,

wounded womb wait the tross;

through a crack of light

thist the answer is in sight

Throughout dark and

descent doorways i climb,

my favour is

lords embarrassment.

thou half the way is done,

by undone defeat.

#18

Netzwerk.
Verbindung.
Fehlgeschlagen.
.........Ist hier draußen jemand?
.........Ist hier irgendjemand in Verzweiflung?
ich komme, um den Verlust zu flicken,
der verwundete Schoß wartet auf den Tross;
durch einen Riss im Licht
die Antwort ist in Sicht
durch Dunkelheit und
abwärts klettere ich durch Türen
meine Gunst ist
die Verlegenheit des Herrn.
die Hälfte des Weges ist geschafft,
durch eine ungeschehene Niederlage.

#19

Just to redesign

to take and fake

as a naked attraction

break beast bones in backyards

again, and again whilst lying awoken

open gates of luxury, of wealth for

your idle claim

for masquerade

to be haunted by sisters, daughters

disconnected desired duty

#19

Einfach umgestalten

es zu nehmen und zu fälschen

als nackte Attraktion

Tierknochen in Hinterhöfen brechen

wieder und wieder im wachen Zustand

Tore des Luxus, des Reichtums öffnen für

deinen müßigen Anspruch

für die Maskerade

um von Schwestern, Töchtern heimgesucht zu werden

enttäuschte, erwünschte Pflicht

#20

Filled up vessels on floors and
cracked ceilings of common sense
you don't want to grow
you want to be mow
whilst your show is hacking a horny heist
a gallery full of worn wears
when you asked forgiveness and control of
control to save your saviour

#20

Gefüllte Gefäße auf Böden und

rissige Decken der Vernunft

ihr wollt nicht wachsen

du willst gemäht sein

während deine Show einen geilen Raub hackt

eine Galerie voller abgenutzter Kleidungsstücke

wenn du um Vergebung und Kontrolle bittest

Kontrolle, um deinen Retter zu retten

#21

For my name is a name for a shovel
for digging bones and dimes
it is a show, it´s a demand and a novel
and a lot of people do work and their times
when it sings out of perfectly shaped holes
as it raises above the above, just to steeple
liquid, loose and rental, in formidable bowles

#21

Denn mein Name ist ein Name für eine Schaufel

zum Graben von Knochen und Groschen

es ist eine Show, es ist Forderung und ein Roman

und viele Leute machen Arbeit und ihre Zeiten

wenn sie aus formvollendeten Löchern singt

wie es sich über das Oben erhebt, nur um zu türmen

flüssig, lose und gemietet, in eindrucksvollen Schalen

#22

How does he function
this robotron hearted gear
intended to be something modern
he is wisely unknown
his age is in accordance with photos
but the foto is shivering
whilst sun is kissing the sea
dont tell me lies, but if you tell
at least be honestly in danger
sell his women
buy him a bible
nothing new is heavens gate
than i was when i was youNG

#22

Wie funktioniert er?

dieses robotronische Gerät mit Herz

der etwas Zeitgemäßes sein soll

er ist weise unbekannt

sein Alter stimmt mit den Fotos überein

aber das Foto zittert

während die Sonne, das Meer küsst

erzähl mir keine Lügen, aber wenn du sie erzählst

sei wenigstens ehrlich in Gefahr

verkaufe seine Frauen

kaufe ihm eine Bibel

nichts Neues ist das Himmelstor

als ich war, als ich du/jung war

#23

When it's just gone, for being good
while words in their sounds presently remain
and finding favour is as riding bulls
without the movement of a shape
in stillness, soundwise like a collapse
we play an overture-
before and hereafter
whilst it is sunken into a now
that differs from time to time

#23

Wenn es einfach weg ist, weil es gut ist
während Worte in ihren Klängen
gegenwärtig bleiben
und Gunst zu finden ist wie Stierreiten
ohne die Bewegung einer Gestalt
in der Stille, klanglich wie ein Zusammenbruch
spielen wir eine Ouvertüre -
vorher und nachher
während es in ein Jetzt versunken ist
das sich von Zeit zu Zeit unterscheidet

#24

When a wind arouses
the nature is free
when storms are gazing
it is answered by a memory
that the long gone mare
of grey, of gust
is literally more than trust
whilst i took the coin to dare
she is ridled, fiddled in her novell
written by waves, in morse,
to stones and in spaces of mirroring fury
denied by herself with a force,
laying bare, underneath a shadow
he would like to sing in tears
and swim as my arms are moving
all i got is my duty, my fears

#24

Wenn ein Wind aufkommt
ist die Natur frei
wenn Stürme auf uns zukommen
wird durch eine Erinnerung beantwortet
dass die längst verschwundene Stute
der Gräue, der Böe
buchstäblich mehr als Vertrauen ist
während ich die Münze nahm, um es zu wagen
wird Sie in ihrem Roman durchlöchert, befummelt
von Wellen geschrieben, in Morseschrift,
zu Steinen und in Räumen spiegelnder Wut
von sich selbst mit Gewalt verleugnet,
nackt liegend, unter einem Schatten;
er würde am liebsten unter Tränen singen
und schwimmen, während sich meine Arme bewegen
alles, was ich habe, ist meine Pflicht, meine Ängste

#25

Talking alone, working with fear

the nothing is near

he´s just about to arguing and phoning

she's underneath and ready to start her mourning

when pictures i have seen, as pictures were seen

when ice, becomes naturall element of sight

and sleep, the immature sequel of life

master of energetical net

you must be a spider, a debt

and illloyal to those who woke up

the element of dark dreams and light

from former fleet

#25

Alleine reden, mit Angst arbeiten

das Nichts ist nah

er ist gerade dabei zu streiten und anzurufen

sie ist unten und bereit, mit ihrer Trauer zu beginnen

wenn ich Bilder gesehen habe,

wie Bilder gesehen wurden

wenn Eis zum natürlichen Element des Sehens wird

und Schlaf, die unreife Fortsetzung des Lebens

Meister des energetischen Netzes

du musst eine Spinne sein, eine Schuld

und untreu gegenüber denen, die aufgewacht sind;

das Element dunkler Träume und Licht

aus der ehemaligen Flotte

#26

Emptiness is a prayer
for other whom given up.
to climb back into your asshole
you gonna dive through
and listen to shit you should have made
become two or three persons and
join up in replaced harmony
there is no way back
except the backyard digging duel
and even there
the shadow lasts longer-
the mud is deeper-
and the door is longer
than a thought of you

#26

Die Leere ist ein Gebet

für andere, die aufgegeben haben

um wieder in dein Arschloch zu klettern

du wirst hindurch tauchen

und dir Mist anhören, den du hättest machen sollen,

dabei zwei bis drei Menschen werden, und

sich in ersetzter Harmonie vereinigen

es gibt keinen Weg zurück

außer dem Hinterhofgrabungsduell

und selbst dort

der Schatten währt länger-

der Schlamm ist tiefer-

und die Tür ist länger

als ein Gedanke an dich.

#27

It's said...and it is sad
that the only person with wealth
is about to polish the nothing
an unknown faith to justify thee
and some stolen sips from a cup

Might be a brand when time is right
right is a brand in time of might
if you not with, you are without
and if you are within, you are done so proud
the answer is forgotten,
for what it stands for, is rotten

#27

Es heißt...und es ist traurig

dass der einzige Mensch mit Reichtum

dabei ist, das Nichts zu polieren

ein unbekannter Glaube, der dich rechtfertigt

und einige gestohlene Schlucke aus einer Tasse

Es könnte eine Marke sein, wenn die Zeit reif ist

Recht ist eine Marke in der Zeit der Macht

wenn du nicht mit bist, bist du ohne

und wenn du drinnen bist, bist du so stolz gemacht

die Antwort ist vergessen,

denn das, wofür sie steht, ist verrottet.

CHAPTER TWO / KAPITEL ZWEI

#1

Unwillingly a laughter,
slaughtered by
knowledge and fame;
desirable discontent of
human smiles...
encountered by an aim.
It is more rudeless,
to be literally an art of fear,
than to fear an art of rude…,
my dear.

#1

Unfreiwillig ein Lachen,
geschlachtet von
Wissen und von Ruhm;
begehrenswerte Unzufriedenheit des
menschlichen Lächelns...
getroffen durch ein Ziel.
es ist unhöflicher,
buchstäblich eine Kunst der Angst zu sein,
als eine Kunst der Unhöflichkeit zu fürchten...,
mein Schatz.

#2

Pray for rain and

grey your laughter,

your stillness is more than rough;

mirror balls are balling enough,

to beat ya face,

while ending your race.

Starting with accountant,

-business in a ringed city.

#2

Bete für Regen und
grau dein Lachen,
deine Stille ist mehr als rau;
Spiegelkugeln sind ballig genug,
um dein Gesicht zu schlagen,
während du dein Rennen beendest
beginnend mit dem Buchhalter,
-Geschäft in einer umzingelten Stadt.

#3

All there was

was a slight trace of compassion

and entrance fee for

the happily making

a child i am told

within twice faces

will compulting my soul

instead of a devil

who has gone for good

in order to be misunderstood

#3

Alles was da war

war eine leichte Spur von Mitgefühl

und Eintrittspreis für

das glückliche Machen

ein Kind, wird mir gesagt

innerhalb von zwei Gesichtern

wird meine Seele belasten

statt eines Teufels

der für immer gegangen ist

um missverstanden zu werden

#4

I have seen it all before

through the diary of a

broken dream

a window to where

hearts melt tamely in

rivers of pride

Your mercy is given

my perk is lost within

Shall I find the answer without question(ing)...

#4

Ich habe alles schon einmal gesehen

durch das Tagebuch eines

unerfüllter Traum

ein Fenster wohin

Herzen zahm dahin schmelzen

Flüsse des Stolzes

deine Gnade ist gegeben

mein Vorteil ist im Inneren verloren

soll ich die Antwort finden, ohne zu fragen...

#5

I don't dare to win,

i win to dare...

the loss is "seemingly" sickness and

the game is a eyes wide blink

affordable while hearts pumping ink-

for paper moon reason

#5

Ich wage es nicht zu gewinnen,

ich gewinne, es zu wagen...

der Verlust ist „scheinbar" Krankheit und

das Spiel ist ein Augenzwinkern

erschwinglich, während die Herzen pumpen –

aus Papiermondgründen

#6

If death sentence is penalty
death itself is free
if pictures of forgiveness, of
carrying a load
are free
death itself will be fulfilment

#6

Wenn das Todesurteil eine Strafe ist
ist der Tod selbst frei
wenn Bilder der Vergebung, des
Tragens einer Last
frei sind
wird der Tod selbst die Erfüllung sein

#7

Bebop ape in satin dress, drunk
iced apple korn running down your throat
passing by an immigrant
who is handing you a junky load
no time for a kiss
as he goodbyes you with "take this...
and leave the street
until you surely meet our greed"

#7

Bebop-Affe im Satinkleid, betrunken

eiskalter Apfelkorn läuft einem die Kehle hinunter

vorbei an einem Einwanderer

wer gibt dir eine Junkie-Ladung?

Keine Zeit für einen Kuss

als er sich von dir verabschiedet, mit „Nimm das...

und verlasse die Straße

bis du unserer Gier gewiss begegnest"

#8

Framed by skin within a polaroid
stunned by beauty of
majestically bone wire
piece of art is dumped and shot to
glorification
a temple of dust is carried with
concentration
remaining in see of abandony...
come to see, and while you be
a while will see, what sea shall be,
if you only believe in something
that believes in thee.

#8

Eingerahmt von Haut in einem Polaroid

betäubt von der Schönheit des

majestätischen Drahtknochens

ein Kunstwerk wird entsorgt und zur

Verherrlichung

ein Tempel aus Staub wird getragen mit

Konzentration

in der Sicht der Verlassenheit verbleibend...

komm, um zu sehen, und während du bist

wirst du sehen, was das Meer sein wird,

wenn du nur an etwas glaubst

das an dich glaubt.

#9

Might has thorns and a rose
is hardly taken by those
whom power proposes

#9

Die Macht hat Dornen und eine Rose
wird kaum von denen genommen
den die Macht vorschlägt

#10

Memory has doubt

for those who are debt

boredom is out of order when

failure comes naturally

as it crept, through a bill of uncertainty

don't mind the truth or your

bitter worn out youth

you are just walking in chains of despair

when promised freedom is aware

as it stands in front of your

conscious

just when you thought

it could be an option

he is touching your nothing

smiles and looks in some deep dark eyes

-like nothing is, more golden

#10

Das Gedächtnis hat Zweifel
für diejenigen, die verschuldet sind
Langeweile ist fehl am Platz, wenn
Scheitern natürlich kommt
als es durch eine Rechnung der Unsicherheit kroch
die Mehrheit hat nichts gegen die Wahrheit oder
deine verbitterte, verbrauchte Jugend
du läufst nur in Ketten der Verzweiflung
wenn dir versprochene Freiheit bewusst ist
als etwas das vor deinem
Bewusstsein steht
gerade als du dachtest
es könnte eine Option sein
berührt er dein Nichts
lächelt und schaut in tiefe dunkle Augen
- als wäre nichts, mehr golden

#11

Brother of brothers
whom fly to sun and moon with
silvery, mothily wings;
your quiet as you dive in my drain,
looking for your food and your
stain of sin,
when others fail in helping,
you help to fail, as you rather
join the depths of hell,
than state your case as you
being pushed back.

#11

Bruder der Brüder

die zu Sonne und Mond fliegen mit

silbernen, falterhaften Flügeln;

deine Stille, wenn du in meinen Abfluss tauchst,

auf der Suche nach deiner Nahrung und deinem

Fleck der Sünde,

wenn andere versagen zu helfen,

hilfst du zu versagen, indem du lieber

in die Tiefen der Hölle gehst,

als deinen Fall darzulegen, während du

zurückgestoßen wirst.

#12

They are giving a welcome,
as demanding the goodbye;
the cost of freedom is inward
in steps of going away
- as it the signs are
pointing to the doors.
crumbling, crawling and a
change of sea;
as a captured scene
which blackmail me.

#12

Sie geben einen Willkommensgruß,

während sie den Abschied fordern;

der Preis der Freiheit liegt im Inneren

in Schritten des Weggehens

- wie es die Zeichen sind

die auf die Türen zeigen.

bröckelnd, kriechend und ein

Wechsel des Meeres;

wie eine eingefangene Szene

die mich erpresst.

#13

Soulsuckers are pleasing
a friend in a plasticine partypant;
while you´r licking a hole
of ambrosia pasty, and...
blame the ferryman who
brought you here, althought he is sunken
in same deep water named fear,
which he was forseen to be coververed with his boat.
so, tighten up your load
and walk miles of fury,
as your home is throne,
for the judge and the jury.

#13

Seelensauger erfreuen

einen Freund in einer Knetmasse-Partyhose;

während du ein Loch leckst

von Ambrosia-Pastete und...

gib dem Fährmann die Schuld, der

der dich hierher brachte, obwohl er versunken ist

in demselben tiefen Wasser namens Angst,

das er mit seinem Boot zu überqueren gedachte.

also, zieh deine Last an

und laufe Meilen des Zorns,

denn Euer Zuhause ist der Thron,

für den Richter und die Geschworenen.

#14

Got money to decide,

and you side by side.

got chains of well-known stars and of

my favourite bars.

i see eyes when they appear, and

i appear when i don't see.

#14

Das Geld muss entscheiden,

mit Dir Seite an Seite.

habe Ketten von bekannten Stars und

meine Lieblingsbars.

ich sehe Augen, wenn sie erscheinen, und

ich erscheine, wenn ich nicht sehe.

#15

Bother me with your

pictures of drained backbone,

eaten up by different daunted deserters,

while they are knocking on doors,

like bucks deserving some brain-washed luck.

#15

Belästige mich mit deinen

Bildern von entleerten Rückgraten,

aufgefressen von verschiedenen

entmutigten Deserteuren,

während sie an Türen klopfen,

wie Böcke, die etwas gehirngewaschenes

Glück verdienen.

#16

Filled by hesitating,
the harmonic burden of a wandering cloud;
bringing a proud, shadow of discontent,
as the sunlight,
whom with nothing but drop-dead righteousness,
hited the ground of marvelness.

#16

Gefüllt durch Zögern,

die harmonische Last einer wandernden Wolke;

die einen stolzen Schatten

der Unzufriedenheit bringt,

wie das Sonnenlicht,

das mit nichts als fallender Gerechtsamkeit

den Boden der Herrlichkeit berührte.

#17

Two-sided luck in buckets,

graspless and rusted,

the water inside has been

used in determination,

and changed to condemnation and

aggravation,

while the clean forefinger shows

where to hit to double a dream

-without contempt.

#17

Zweiseitiges Glück im Eimer,

grifflos und verrostet,

das Wasser darin wurde

zur Bestimmung benutzt,

und verwandelte sich in Verurteilung und

Verschlimmerung,

während der saubere Zeigefinger zeigt

wo man hinschlagen muss,

um einen Traum zu verdoppeln

-ohne Verachtung.

#18

Rattling snake and a
bottle of water,
they are morsing
a code of conduct;
i agree, though,
thirst is absent and for thee
i dont have a thought.

Might be, that i rely in
empty sounded promises (and)
tickletoe mentality you gave for free,
but in case,
freedom is more
than an accurate idea,
then thee walking beside King Lear.

#18

Klapperschlange und eine

Flasche Wasser,

sie verschlingen

einen Verhaltenskodex;

ich stimme zu,

ein Durst ist abwesend und für dich

habe ich keinen Gedanken.

Mag sein, dass ich mich verlasse auf

leer klingende Versprechen (und)

Kitzelmentalität, die du umsonst gegeben hast,

aber für den Fall,

dass Freiheit mehr sei

als eine genaue Vorstellung,

dann wandelst du an der Seite von König Lear.

#19

Your silence while busting up the dial,
is violence of a dream whom you spread in steam;
´cause of your fluent curiosity in stillness of us,
is everything you touch,
everything you got is
a sensuality of such stone.

Dream, and dream again while you're
awake, with less comfort of shielded wings;
a demon haunts to be forspoken,
an angle lies to whom he sings.
sorrow is in state of the arrival,
when mercy, went just out of the door
- and waits retrival.

#19

Dein Schweigen, während du
das Zifferblatt sprengst,
ist Gewalt eines Traumes,
den du in Dampf verbreitest;
weil deine fließende Neugierde in der Stille von uns,
alles ist, was du berührst,
alles, was du hast
ist eine Sinnlichkeit von solchem Stein.

Träume, und träume wieder, wenn du
wach bist, mit weniger Trost der geschützten Flügel;
ein Dämon spukt, den man nicht aussprechen kann,
es lügt ein Blickwinkel, dem er singt.
Kummer ist im Zustand der Ankunft,
wenn die Barmherzigkeit, gerade aus der Tür ging
-und auf die Wiederkehr wartet.

#20

If life don't want your part,
and rather takes your art in hours
nivelling the nothing,
clinch it hidden until it sleeps.

Guess you´ll find what i am,
when it´s gone;
you´re bored to life and attest to life,
as what it could be
- in pictures of your imagination,
numbered cascades of tiny mirrors
- shot by me.
it´s not the end-,
though they´re talking in their chambers
as wise, as an end should be.

#20

Wenn das Leben deinen Teil nicht will,
und lieber deine Kunst in Stunden nimmt
die das Nichts nivellieren,
umklammert es verborgen, bis es schläft.

Schätze, du wirst finden, was ich bin,
wenn es weg ist;
du langweilst dich im Leben und bezeugst dem Leben
als das, was es sein könnte
- in Bildern deiner Phantasie,
nummerierte Kaskaden von winzigen Spiegeln
- geschossen von mir.
es ist nicht das Ende,
obwohl sie in ihren Gemächern reden
so weise, wie ein Ende sein sollte.

#21

Provocate and distingate

the crack of it in your hand;

its just your lust,

your joy of sorrow in tears for wet sand.

its an elongation of a sentence with

rigid end, whose letters are

mandatorily bend- with chains of immortal desire

and hope;

and a spell on your lips

- as you walk over these tight, knotted rope.

#21

Provoziere und beschwöre

das Knacken in deiner Hand;

es ist nur deine Lust,

deine Freude des Kummers in

Tränen für nassen Sand.

es ist eine Dehnung eines Satzes mit

starren Ende, dessen Buchstaben

mit Ketten unsterblicher Sehnsucht und Hoffnung

zwangsweise verbogen sind;

und ein Bann auf deinen Lippen

- wenn du über diese engen, verknoteten Seile gehst.

#22

Cold blooded and sick,

what more can it be?

buried in six feet under

- with walls as thick,

as tombstones in November.

to those who live, in distorted,

lightful fear,

the light will shine nor far, nor near.

it´s imaged by a trial of life,

that meaning is willing

- in doubt we strive.

#22

Kaltblütig und krank,

was kann es mehr sein?

begraben in sechs Fuß unter der Erde

- mit Mauern so dick,

wie Grabsteine im November.

für die, die leben, in verzerrter,

lichtvollen Angst,

wird das Licht weder fern noch nah scheinen.

es ist durch einen Selbstversuch

des Lebens abgebildet,

dass Sinn willig ist

- im Zweifel streben wir.

#23

If loving is easy and
the loving arm
wristled, powered,
against me,
so i go ahead through
a dream of winded up deserts,
where words are to be found
for those, whom are in
necessarily need.

#23

Wenn die Liebe leicht ist und
der liebende Arm
gekrümmt, angetrieben,
gegen mich,
so gehe ich voran durch
einen Traum von verschlungenen Wüsten,
wo Worte zu finden sind
für diejenigen, die dies
notwendigerweise brauchen.

#24

Untrue in love and behind backs,
we hate each other's fiends
when they come true
and love em when its getting dark,
while a lightning, is a match of desire,
with a spark of traceless moments,
captured by our shadows.

#24

Unwahr in der Liebe und hinter dem Rücken,

wir hassen die Feinde des anderen

wenn sie wahr werden

und lieben sie, wenn es dunkel wird,

während ein Blitz, ein Streichholz der Begierde ist,

mit einem Funken von spurlosen Momenten,

eingefangen von unseren Schatten.

#25

Muscle shirt,
ripe but with a glance of
sunset in your eyes;
but it's not your kind;
my soul has seen through and through,
a dream of damnation;
in your view of despair as we
stand in front of each other,
although you are an image
within of my trial.

\#25

Muskelshirt,

reif, aber mit einem Blick des

Sonnenuntergangs in deinen Augen;

aber es ist nicht deine Art;

meine Seele hat durch und durch gesehen,

ein Traum der Verdammnis;

in deinem Blick der Verzweiflung, während wir

voreinander stehen,

obwohl du ein Bild bist

im Inneren meiner Versuchung.

#26

To be a proof of loveless;

initiated by

drill instructors with pink sunglasses,

stillstanding,

listening while your life passes by,

while your photo is fading

into a pool promises and fortitude

on a string,

you better make

a sound like playing the violin

can't look book,

can't look forward,

hope you're prepared when i wake up.

#26

Ein Beweis für Lieblosigkeit zu sein;

initiiert von

Drill Instruktoren mit rosa Sonnenbrillen,

stillstehend,

lauschend, während ein Leben vorbeizieht,

während dein Foto verblasst

in einen Pool aus Versprechen und Stärke

auf einer Saite,

machst du besser

einen Klang wie beim Geigenspiel

kann nicht in ein Buch schauen,

kann nicht nach vorne schauen,

hoffentlich bist du bereit, wenn ich aufwache.

#27

Give righteousness
without remembering,
its covered by joy once gone;
your love is
neverland desire,
sucked in by
your heroes and foes
while you still lie awake,
life is forseen by blind;
binded words which are
deserted by their promises.

#27

Gib Rechtschaffenheit

ohne sich zu erinnern,

sie wird von der Freude bedeckt,

die einmal vergangen ist;

deine Liebe ist

Nimmerland-Lust,

aufgesaugt von

von deinen Helden und Feinden

während du noch wach liegst,

wird das Leben von Blinden vorausgesehen;

gebundene Worte, die

von ihren Versprechungen verlassen sind.

#28

He is not a good man,

but thee promised me,

to get something,

once i sucked in his soul.

Indeed,

he has no love in sight,

which i was told to be sorry for.

but I'm not his strings,

whom is bended and lame.

i could fiddle with my finger

until he collapses,

thats what i could do

but his mentality is perverted by

seas of masquerades,

never to return.

Er ist kein guter Mensch,

aber du hast mir versprochen,

etwas zu bekommen,

sobald ich seine Seele ausgesaugt habe.

in der Tat,

hat er keine Liebe in Sicht,

was ich angeblich bedauern soll.

doch ich bin nicht seine Saite,

die gekrümmt und lahm ist.

ich könnte mit meinem Finger fummeln

bis er zusammenbricht,

das ist, was ich tun könnte

doch seine Mentalität ist pervertiert durch

Meere von Maskeraden,

um niemals zurückzukehren.

#29

A killer cat in petticoat
stole notions and
caught him in a dream of
sub-versive elements,
as a haunted deer kissed him
as he proceeded,
he returned in former form.

Now
there is a story to be told,
a show to sing and
a picture to frame
- while other do as thee wish.

#29

Eine Killerkatze im Petticoat
stahl seine Gedanken und
erwischte ihn in einem Traum aus
subversiven Elementen,
als ein heimgesuchtes Reh ihn küsste
während er weiterging,
kehrte er in alter Gestalt zurück.

Jetzt
gibt es eine Geschichte zu erzählen,
eine Show zu singen und
ein Bild zu rahmen
- während andere tun, was du willst.

#30

To blame you,

is like eating up a pistol,

with a blue vein,

spreading as adorable roots,

on trigger.

fiend and foes come in,

introducing themselves as

myself, as the

mirrorball

controlles the blooded streets

whom shoving out of my skin.

It's not a nice wave,

but a board is

where water is;

the sea is unmeaningly in itself.

#30

Dir die Schuld zu geben,

ist wie das Auffressen einer Pistole,

mit einer blauen Ader,

die sich wie bewundernswerte Wurzeln ausbreitet,

am Abzug.

Feind und Feinde kommen herein,

sie stellen sich vor als

mich selbst, als die

Spiegelkugel

die, die blutigen Straßen beherrscht

und die mir aus der Haut fahren.

Es ist keine schöne Welle,

aber ein Brett ist

wo Wasser ist;

das Meer ist in sich selbst bedeutungslos.

Though its dark,
amboushly quiet and calm,
it's not a night yet.

Its a long mounrenfull
morning of expecting
a scene of diverity and determination.
sin-bringer and sensual suspects
are in front of a master who failed
- now and then.

#31

Obwohl es dunkel ist,
stimmungsvoll still und ruhig,
ist es noch keine Nacht.

Es ist ein langer, stimmungsvoller
Morgen des Erwartens
eine Szene der Vielfalt und Entschlossenheit.
Sündenböcke und sinnliche Verdächtige
stehen vor einem Meister, der versagt hat
- hin und wieder.

Looking for conversational string,

you find your emptiness;

i don't want you to double sing,

though id like to impress;

reflecting in delightful rooms

with fruit of bitterness and rent;

reaping monumental is

standing in front of this land

- while losing justification as a work done.

#32

Auf der Suche nach einer Konversationszeichenfolge,

du findest deine Leere;

ich möchte nicht, dass du doppelt singst,

obwohl ich gerne beeindrucken möchte;

sich in reizvollen Räumen widerspiegeln

mit Früchten der Bitterkeit und der Zerrissenheit;

monumental zu ernten ist

vor diesem Land stehen

- während die Rechtfertigung als geleistete Arbeit

verloren geht.

#33

If yours is glory of being a leader,
and proving
a picture of blank steel,
then the harsh hegemonie
of a long ignored duskfall
will be transmission
to lay in your lies and illusion.

Its a potion used in former dreams,
now becoming a
dreamripper of
death and loneliness.

#33

Wenn dein Ruhm darin besteht, ein Anführer zu sein,
und zu beweisen
ein Bild aus blankem Stahl,
dann soll die harte Hegemonie
einer lange ignorierten Dämmerung
eine Botschaft sein
um sich in deine Lügen und Illusionen zu legen.

Es ist ein Trank, der in früheren Träumen
verwendet wurde,
jetzt wird er zu einem
Traumreißer von
Tod und Einsamkeit.

#34

Would be, mine

relationship to those

who are in breed,

not so meaningless and

tainted with modern, maleficent greed

you had my word,

seriously, homecomingly;

without guarantee

and as reliable and

ambush as i could be;

i know something in a somehow

and this unknowingly,

should stay with someone like thee.

\#34

Wäre, meine

Beziehung zu denen

die in der Züchtigung sind,

nicht so bedeutungslos und

mit moderner, bösartiger Gier befleckt

sie hätten mein Wort,

ernsthaft, heimkehrend;

ohne Gewähr

und so zuverlässig und

hinterhältig wie ich sein könnte;

ich weiß etwas in einem irgendwie

und dies unbewusst,

sollte bei jemandem wie dir bleiben.

#35

Now, that righteousness is back
in his form of showing mirror,
i agree in former heroes
whom whimmer;
as the essence of faces
seems what it was,
when landloards have taken,
the vessel of endevorous.

If i will go under my skin,
i will try to proof
not the sense of my kin,
more the kind of my senses,
equal to those
who have climbed the fences;
in order to keep what is shown.
-and literally grown.

136

#35

Jetzt ist diese Gerechtigkeit zurück

in seiner Form des Spiegelns,

stimmend in frühere Helden

die flimmern;

als die Essenz der Gesichter

scheint, was es war,

als es Landsknechte genommen haben,

jenes Gefäß der Bemühung.

Wenn ich unter die Haut gehen will,

will ich versuchen, zu beweisen

nicht den Sinn meiner Sippe,

mehr die Art meiner Sinne,

gleich denen

die über die Zäune geklettert sind;

um zu behalten, was gezeigt wird

-und buchstäblich gewachsen.

#36

I cannot suffer well,
cause there is
nobody to utter with by chance;
gone is the gamblerscene,
gone are golden leafs of glimmerly foresight,
leaving an empty, emeraldgrey shore,
remaining is a wind
chilling the bare grass, and an idle glory
-framed by a verse of fathers story.

Singing this from full chest,
as some of us are breeding in their nest,
terrefied eyes and beaks closed;
not to dare, they declare,
a drop of blood hiting the place of said story
-without a name.

#36

Ich kann nicht gut leiden,

denn es gibt

niemanden, mit dem man sich zufällig unterhalten

kann; verschwunden ist die Spielerszene,

verschwunden sind die goldenen Blätter der schim-

mernden Voraussicht,

und hinterlassen, ein leeres, smaragdgraues Ufer,

geblieben ist ein Wind

der das kahle Gras kühlt, und eine müßige Herrlich-

keit -umrahmt von einem Vers der Väter Geschichte.

Ich singe dies aus voller Brust,

während einige von uns in ihrem Nest brüten,

mit geschlossenen Augen und Schnäbeln;

nicht zu wagen, verkünden sie,

ein Blutstropfen, der an die Stelle der besagten Ge-

schichte schlägt -ohne einen Namen.

#37

Should he change to be
another thee,
and live a dream
as road goes down to wreck?
ruin and their brothers of
discontent,
are a valid order,
when bones are hitting a border
to a promise, calling "freedom";
lands of good,
are marked in flesh as flags,
fragrance,
but to whom we belong,
when willingness and duty,
are neither strong
- nor living root routed veins?

#37

Sollte er sich ändern, um ein
weiteres Ich zu sein,
und einen Traum leben
während die Straße zum Wrack wird?
der Ruin und seine Brüder der
Unzufriedenheit,
sind ein gültiger Befehl,
wenn die Knochen an eine Grenze stoßen
an ein Versprechen, das "Freiheit" heißt;
Länder des Guten,
sind in Fleisch als Fahnen gezeichnet,
Duft,
doch zu wem gehören wir,
wenn Wille und Pflicht,
weder stark sind
- noch lebendige Wurzel geführte Adern?

When kindness is
out of the question,
in questions to your maker
and the hole is a sky
for an uncertain undertaker,
whom plays a role of evil might,
knowing that it is out of sight;
the force of complentation.
invitating,
introducing himself within
awareness of yours,
after they have broken down the guts of sure;
empty is the shore
as your ship comes in,
cause nobody got to be told
what makes a win.

#38

Wenn Freundlichkeit

nicht in Frage kommt,

in Fragen an deinen Schöpfer

und das Loch ein Himmel

für einen ungewissen Bestatter ist,

der eine Rolle der bösen Macht spielt,

wissend, dass er außer Sichtweite ist;

die Kraft des Entgegenkommens.

Einladend,

sich vorstellend im

Bewusstsein der Ihren,

nachdem sie die Eingeweide der Sicherheit

aufgebrochen haben; Leer ist das Ufer

als dein Schiff einläuft,

denn Niemandem muss gesagt werden

was einen Sieg ausmacht.

#39

Paper loss, no walls to toss;
you´re looking behind,
as all fades into
a white corridor of extinction…
empty and voided;
new models are released,
same as yesterday,
speaking with tongues, of icy trails,
recharging phone´s batterie.
women become men and a whisper,
transmutes into barking.

#39

Papierverlust, keine Wände zum Wegwerfen;
du schaust zurück,
während alles verblasst in
einen weißen Korridor der Auslöschung...
leer und ungültig;
neue Modelle werden freigegeben,
die gleichen wie gestern,
die mit Zungen sprechen, mit eisigen Spuren,
den Akku des Telefons wieder aufladen.
Frauen werden zu Männern und ein Flüstern,
verwandelt sich in Bellen.

I am lying to you,
in love and in war,
i lay awake while haunting
and sleep while i attest
- that you will never find
it purer and more true:
than my word in yours-,
than my dream,
in your dream.

#40

Ich lüge dich an,
in der Liebe und im Krieg,
ich liege wach, während ich spuke
und schlafe, während ich bezeuge
- dass du es nie
reiner und wahrer finden wirst:
als mein Wort in deinem-,
als mein Traum,
in deinem Traum.

#41

Neptun is talking to me

and taking

an ankle of my far footed footage,

which i made in doubt,

when i wandered from here to eternity.

Its bottomless and

surrounded by flies to whom spies;

the unsung serenade,

the glorified fall,

might without approval.

#41

Neptun spricht zu mir
und nimmt
einen Knöchel von meinem
weitläufigen Filmmaterial,
die ich im Zweifel gemacht habe,
als ich von hier in die Ewigkeit wanderte.

Es ist bodenlos und
umgeben von Fliegen, die spionieren;
das unbesungene Ständchen,
der verherrlichte Fall,
die Macht ohne Zustimmung.

#42

The remembrance shall take you,

as words binding you to a chair

and avoid to leave

until you have listened

to an end,

which proceed

as new beginning in

surrounded promised lands,

over hallways of rising sands.

\#42

Die Erinnerung wird dich mitnehmen,

wie Worte, die dich an einen Stuhl binden

und dich nicht verlassen

bis du zugehört hast

bis zu einem Ende,

das weitergeht

als Neuanfang in

umgebenen gelobten Ländern,

über Flure aus aufsteigendem Sand.

#43

I am what i see,
and i see what will be;
there nothing but your mouth,
drained in hole of misery.
where soldiers crossing the line
- from time to time,
i get a glance of honour,
while i remain undone.

Don't mind what the songbird brings,
when the song was sung by a siren.

#43

Ich bin, was ich sehe,

und ich sehe, was sein wird;

es gibt nichts außer deinem Mund,

ausgelaugt im Loch des Elends.

wo Soldaten die Grenze überschreiten

- von Zeit zu Zeit,

bekomme ich einen Blick der Ehre,

während ich unerledigt bleibe.

Kümmere dich nicht darum, was

der Singvogel bringt,

wenn das Lied von einer Sirene gesungen wurde.

#44

Fill the line,

plug the pipe and suck it

till you're done.

Neither candle light

nor a dinner is what i propose,

it's just your window,

whom you

pressed close on your nose;

a kingdom to dare

is the context of being aware.

#44

Fülle die Zeile,
stopfen und saugen
bis du fertig bist.

Weder Kerzenlicht
noch ein Abendessen ist das, was ich vorschlage,
es ist nur dein Fenster,
dass du
auf deine Nase gedrückt hast;
ein Königreich zu wagen
ist der Kontext des Gewahrseins.

#45

Good old days are

days of old, and

good for nothing to safe;

while you throne

in a dream without hours,

which was a dream of ours,

the stars are turning by command

of your desire,

withheld and turned;

The consequence of lies

is your unworthy tear.

#45

Die guten alten Zeiten sind
alte Tage, und
gut für ein nichts zu retten;
während du thronst
in einem Traum ohne Stunden,
der ein Traum von uns war,
drehen sich die Sterne auf Befehl
deines Wunsches,
zurückgehalten und gewandt;
die Folge der Lügen
ist deine unwürdige Träne.

#46

The teacher was told,

as he left,

to play with eyes as temptation,

as a sad story of his own disapproval

the clown you made,

the beast you dress,

the face you should,

the race you lost,

the freedom you fake in

frameless seas of yesterday

chemical desires.

#46

Dem Lehrer wurde gesagt,

als er ging,

mit den Augen als Versuchung zu spielen,

als eine traurige Geschichte seiner

eigenen Missbilligung

den Clown, den du gemacht hast,

die Bestie, die du anziehst,

das Gesicht, das du machen solltest,

das Rennen, das du verloren hast,

die Freiheit, die du vortäuschst in

rahmenlosen Meer des Gestern

von chemischen Begierden.

CONTENT / INHALT